L'AUTO-DA-FÉ,

OU

LE TRIBUNAL

DE L'INQUISITION,

Pièce à spectacle, en trois actes, en prose;

Par M. GABIOT:

*Représentée sur le Théâtre de l'Ambigu-Comique,
le mardi 2 Novembre 1790.*

Prix, vingt-quatre sols.

A PARIS,

ET SE TROUVE, A LA SALLE DE L'AMBIGU-COMIQUE,
et chez tous les Marchands de Nouveautés.

1790.

PERSONNAGES.   *ACTEURS.*

M. DE FOLLEVILLE, capitaine de   M. VARENE.
    vaisseau marchand François.

VALCOURT, jeune François ami   M. DAMAS.
    de Folleville, amant et futur
    époux de Célestine.

D. FERNAND, Espagnol, riche   M. VALCOURT,
    Commerçant de Goa, père de
    Célestine.

DONA AUGUSTA, mère de   Mlle. SIMONET.
    Célestine.

CÉLESTINE, promise à Val-   Mlle. LANGLADE.
    court.

VIRGINIE, Négresse au service   Mlle. DOUTÉ.
    de Célestine.

LE GRAND INQUISITEUR.   M. PICARDEAUX.

LE PROMOTEUR.   M. JAYMOND.

D. PEDRE, Familier de l'Inqui-   M. LEBEL.
    sition et amant secret de Cé-
    lestine.

UU ALCADE.   M. LANGLADE.

UNE RELIGIEUSE.   Mlle. CHÉNIÉ.

GENS DE L'INQUISITION.

L'AUTO-DA-FÉ,

ou

LE FRANÇOIS A GOA.

ACTE PREMIER.

SCÈNE PREMIERE.

D. PEDRE, (*seul.*)

DEPUIS quelques jours, tout respire en la maison de D. Fernand, un air mystérieux. Une grande affaire se trame dans le plus grand secret; on voit régner par-tout ce gai tumulte, cette agréable confusion, compagne et avant-coureur d'un événement heureux : quel peut-il être? Depuis dix ans ami de la maison, instruit de tout ce qui s'y passe, cette fois, je suis en défaut,

A

D. Fernand ne m'a rien confié! cette réserve me blesse..... Seroit-il question de l'aimable, de la belle Célestine?.... Un rival heureux, ce jeune Valcourt; ce François, que l'on reçoit avec tant de cordialité, viendroit-il m'enlever, dans un moment, une maîtresse que j'adore en secret depuis plus de deux ans? Ce malheur affreux me seroit réservé! je serois la victime d'un silence que le respect m'a imposé, et que l'amour timide n'a pas osé rompre! Me préserve le ciel d'avoir cet affront à dévorer! Je suis Espagnol amoureux et jaloux; mes deux divinités seroient la vengeance et la mort....... Mais j'apperçois Virginie, la négresse de Célestine. Interrogeons-là; peut-être par ce moyen apprendrois-je quelque chose. Que ce ne soit pas le triomphe d'un rival, ou, dans ma fureur, rien ne sera respectable à mes yeux......Contraignons-nous.

SCÈNE II.

D. PEDRE, VIRGINIE.

D. PEDRE.

Bon jour, Virginie.

VIRGINIE.

Bon jour, Monsieur.

D. PEDRE.

D. Fernand est-il à la maison ?

VIRGINIE.

Oui.

D. PEDRE.

Est-il visible ?

VIRGINIE.

Non : vous pas pouvoir voir maître.

D. PEDRE.

Pourquoi ?

VIRGINIE.

Moi pas savoir pourquoi.

D. PEDRE.

Et ta maîtresse ?

VIRGINIE.

Maîtresse Madame ?

D. PEDRE.

Oui, Donna Augusta, la femme de D. Fernand.

VIRGINIE.

Li être aussi à la maison ; mais vous pas pouvoir non plus voir maîtresse Madame.

D. PEDRE.

Et la belle Célestine ?

VIRGINIE.

Maîtresse Mameselle ?

D. PEDRE.

Précisément.

VIRGINIE.

Li être dans sa chambre.

D. PEDRE.

En ce cas, je puis entrer.

VIRGINIE,

Non, moi pas pouvoir laisser entrer vous ; Maîtresse mameselle vouloir voir personne.

D. PEDRE.

C'est différent. Ecoute, Virginie : il se passe ici quelque chose d'extraordinaire ; tu le sais, instruis-moi.

VIRGINIE.

Moi, babillarde, fi ! Moi toujours voir tous ; moi jamais parler.

D. PEDRE, (*généreusement lui offre sa bourse.*)

Je paierai grassement ton secret.

VIRGINIE.

Vous garder cela. Moi parler pour plaisir ; moi pas parler pour argent, et li être pas plaisir à moi.

D. PEDRE.

Fort bien ! Je ne suis pas heureux. Il n'y a peut-être qu'une femme discrette dans le monde, et c'est moi qui la rencontre. Mais, au moins, Virginie, tu ne refuseras pas de me rendre un service important ?

VIRGINIE.

Si, moi pouvoir vous parler, moi faire toute de suite.

D. PEDRE.

J'adore Célestine.

VIRGINIE.

Tant mieux ! li être la maîtresse meilleure à moi.

D. PEDRE.

Je l'aime depuis deux ans.

VIRGINIE.

Quand on l'aimer une fois, l'aimer pour toute la vie.

D. PEDRE.

Et je n'ai jamais osé lui déclarer mon amour.

VIRGINIE.

Tant mieux ! Maitresse n'aimer pas parler semblables bagatelles.

D. PEDRE.

Mais toi, Virginie, tu es plus libre que moi auprès de Célestine ; elle te comble d'amitié : elle t'ouvre son cœur : elle permet que tu lui parles sans gêne et sans contrainte.

VIRGINIE.

Oui, vous dire vrai.

D. PEDRE.

Eh bien ! dis-moi, s'est-elle apperçue de mes sentimens ?

VIRGINIE.

Non, Monsieur.

D. PEDRE.

Elle ne parle jamais de moi !

VIRGINIE.

Non, Monsieur.

D. PEDRE.

C'est-à-dire qu'elle me voit comme si je n'existoit pas ?

VIRGINIE.

Oui, Monsieur.

D. PEDRE.

Mais, elle ne voit pas ainsi tout le monde?

VIRGINIE.

Moi pas savoir, Monsieur, en vérité.

D. PEDRE.

Je te crois. Mais, Monsieur Valcourt, ce jeune François?

VIRGINIE.

Oh! li parler jamais seul à Maîtresse; Mameselle toujours à Maîtresse, Madame ou à M. Maître.

D. PEDRE.

Et Célestine ne t'en parle jamais?

VIRGINIE.

Non; mais moi lui en parler beaucoup. Monsieur François li être si aimable! si joli! si bon! Li pas mépriser moi. Li blanc, moi noire : li prendre la main à moi : li parler avec douceur : li promettre liberté à moi; mais moi quitte jamais Monsieur blanc, ni Maîtresse, ni mameselle.

D. PEDRE.

Il aime donc Célestine?

VIRGINIE.

Moi pas savoir.

D. PEDRE.

Ce n'est donc pas de son amour que tu lui parles ?

VIRGINIE.

Moi bien garder moi, moi grondée fort toute de suite.

D. PEDRE.

Eh bien ! malgré la peur que t'inspire la colère de ta jeune maîtresse, il faut que tu fasse un effort en ma faveur, dont je serai toute ma vie reconnoissant.

VIRGINIE.

Et quoi ?

D. PEDRE.

Il faut que tu lui dise que je l'adore.

VIRGINIE.

Grand-merci, Monsieur; moi pas vouloir être chassée pour vous : d'ailleurs, moi assez jeune pour parler amour pour moi, sans parler amour pour les autres. (*Elle sort.*)

SCÈNE III.

D. PEDRE, (*seul.*)

A-T-ELLE voulu me jouer, ou la naïve vérité s'est-elle échappée de sa bouche, sans art et sans apprêt! Me voilà toujours dans la même incertitude! Valcourt parle à D. Fernand et à Dona Augusta, mais ils sont liés par raison de commerce, D. Fernand qui étoit dépositaire de la fortune que l'oncle de Valcourt lui a laissée en mourant, il est tout naturel qu'ils aient besoin de se voir, de s'enfermer même pour se parler. Puissai-je avoir deviné juste! Puisse le cœur de Célestine être encore dans cet état calme et tranquille que Virginie m'a laissé entrevoir! Si j'y rencontrois un rival aimé, ce seroit pour tous deux le signal d'une haîne qui ne pourroit s'éteindre que dans des flots de sang.

SCÈNE IV.

D. FERNAND, DONA AUGUSTA,
CÉLESTINE, VALCOURT,
D. PEDRE, VIRGINIE.

D. FERNAND.

Oui ma femme; oui, ma fille; c'est une chose
irrévocablement conclue : on vient d'apporter
le contrat, et Valcourt et moi nous venons, en
vous attendant, d'en signer les articles.

D. PEDRE, (à part.)

Juste ciel ! que viens-je d'entendre ?

D. FERNAND.

Ainsi, Dona Augusta, dans Valcourt vous
voyez notre gendre; et toi, Célestine, l'époux
que je t'ai choisi comme le plus digne de toi.

D. AUGUSTA.

Du moment que j'ai vu M. Valcourt, j'ai
desiré pour ma fille le présent que mon mari
lui fait aujourd'hui.

VALCOURT.

Que dites-vous? C'est la belle, la vertueuse
Célestine, qui est de tous les présens le plus

précieux, le plus flatteur pour moi, et toute
ma vie peut à peine me suffire pour le mériter.

D. PEDRE, *à part.*

Suis-je assez déchiré ? mon sang bouillonne
dans mes veines.

VALCOURT.

Recevoir ce présent des mains sacrées d'un
père ; avoir ensuite l'aveu sensible et touchant
d'une mère, c'est sans doute, pour moi, un favorable augure. Mais, adorable Célestine, tout
ce bonheur s'évanouit, s'il coûte à votre cœur le
plus léger murmure, le moindre regret. J'ai respecté cette pudeur intéressante, qui donne à vos
attraits ce charme que rien ne peut exprimer.
C'est dans le sein de vos parens que j'ai versé
le secret de l'amour inviolable et pur que vous
m'avez inspiré ; c'est en leur présence que, pour la
première fois, j'ose vous en parler ; mais si ce
n'étoit que par obéissance que vous signez l'acte
authentique de ma félicité, j'y renoncerois dès
ce moment avec douleur, mais consolé, si je vous
laissois heureuse.

D. PEDRE, *à part.*

Voyons si elle l'aime.

CÉLESTINE.

Monsieur, ma mère ne m'a laissé ignorer ni

vos sentimens, ni la recherche honorable que vous faisiez de ma main : croyez que votre amour, passant par une bouche aussi pure, m'a bien plus délicieusement émue, que si la vôtre en eût été l'interprète. Je n'y serois pas sensible, par rapport à vous, que je la serois devenue, à cause de l'organe que vous avez emprunté.

D. PEDRE, *à part.*

Je suis au supplice.

VALCOURT.

Ainsi, belle Célestine, je peux espérer.

CÉLESTINE.

Vous pouvez espérer, Valcourt, que si l'autorité paternelle m'ordonne de vous donner la main, l'obéissance filiale se fera un devoir et un plaisir de vous la présenter.

VALCOURT.

Je suis le plus heureux des hommes.

D. PEDRE, *à part.*

Et moi, de tous, le plus infortuné.

D. AUGUSTA.

Eh bien! ma fille, tu peux dès ce moment l'accoutumer à l'obéissance la plus entière. Tout est prêt. Demain Valcourt est ton époux. Je connois vos deux cœurs ; et si ce moment présage à tes parens la plus douce consolation, des soins qu'ils t'ont donnés, je vous réponds, et avec connoissance de cause, que jamais l'hymen n'aura uni de cœurs mieux faits l'un pour l'autre.

VALCOURT, (à *Célestine.*)

Votre mère a-t-elle dit la vérité ?

CÉLESTINE, (*en souriant.*)

Je ne suis pas assez mal élevée pour mettre en défaut les connoissances de ma mère.

D. PEDRE, (*à part.*)

Allons ! on ne m'épargnera pas les moindres détails de mon infortune.

D. FERNAND.

Tout cela est fort agréable à entendre, et je sens que deux amans ne doivent pas s'en lasser ; mais vous me faites oublier mon ami D. Pedre, qui n'est pas amoureux, lui, et qui n'a que faire de ces tendres déclarations ; aussi je lui fais mes excuses.

D. PEDRE, (*d'un ton de contrainte.*)

Eh de quoi ! Je sens peut-être mieux que tout autre l'avantage qu'il y a d'être aimé de la belle Célestine, et de lui faire agréer son hommage ; aussi, en parlant librement en ma présence à

M. Valcourt, elle me traite en ami intime de la famille, et croyez que, dans ma situation actuelle, cela me flatte et m'honore infiniment.

D. AUGUSTA.

Ah! D. Pedre, vous êtes trop bon d'excuser nos incivilités avec tant d'indulgence.

D. PEDRE, (*du même ton.*)

Pourquoi gêner deux amans qui, pour la première fois, se font de si doux aveux? Il n'y auroit rien à gagner pour l'importun; et la gêne tourneroit au profit de l'amour.

D. FERNAND.

D. Pedre a raison; mais ne m'en voulez pas non plus, si j'ai tardé jusqu'à ce moment à vous faire part d'un mariage que je desirois trop pour ne pas craindre beaucoup qu'il ne réussît pas.

D. PEDRE, (*toujours même ton.*)

Vous vous mocquez! il est assez tems du moment où vous n'y craignez plus d'obstacles; je vous en fais mon compliment bien sincère: & je trouve si grand le bonheur des futurs époux, que j'en peux librement exprimer la part que je prends à leur future union.

VALCOURT.

Votre suffrage m'honore, & me flatte de la manière la plus sensible.

D. AUGUSTA.

Ce qu'il y a de plus agréable pour vous, mon cher Valcourt, c'est que D. Pedre pense toujours ce qu'il dit; & ce n'eſt ſûrement point par l'époux de ma Célestine qu'il voudroit faire usage de la dissimulation.

D. PEDRE, (toujours de même.)

D. Augusta ne fait que me rendre justice.

D. AUGUSTA.

Ainſi D. Pedre, la nôce étant pour demain, vous voudrez bien vous tenir dès ce moment pour invité; il n'y aura abſolument que la famille & ses meilleurs amis.

D. PEDRE.

La distinction eſt très-flateuse pour moi; & vous pouvez compter sur la plus parfaite reconnoiſsance : oui, je serai à votre mariage, charmante Célestine; je serois au désespoir de n'en pas être le témoin.

SCÈNE V.

LES PRÉCÉDENS, M. DE FOLLEVILLE.

M. DE FOLLEVILLE.

BONNE excellente nouvelle, mon ami Valcourt :

le vaisseau qui a porté en France la riche succession de ton oncle a fait la plus heureuse traver-
sée ; & je viens d'en recevoir des nouvelles cer-
taines & positives : ainsi te voilà maintenant un
des plus riches citoyens du royaume.

VALCOURT.

Je suis sensible à cette nouvelle : si je m'ap-
plaudis d'être riche, c'est que je pourrai défor-
sormais suivre le penchant le plus doux de mon
cœur. La bienfaisance envers mes semblables, qui
n'ont d'autre tort aux yeux de la société, que
d'avoir été oublié de la fortune dans le partage
de ses faveurs.

CÉLESTINE.

Ah ! Valcourt, qu'il me sera glorieux & doux
de vous le disputer en générosité.

VALCOURT.

Vous me permettrez aussi, sensible Célestine,
d'ajouter un second prix à mes richesses : c'est
comme amant, comme époux de pouvoir toujours
contenter, prévenir même le moindre de vos
desirs.

CÉLESTINE.

Vous n'aviez pas besoin de vos richesses,
Valcourt, pour que Célestine n'eût plus de vœux
à former.

M.

M. DE FOLLEVILLE.

Bien, très-bien, de mieux en mieux ! Il paroît que nos jeunes gens sont d'accord.

D. AUGUSTA, (*gaiement.*)

Vous le voyez, M. de Folleville ; et s'il y a encore quelque restriction au traité qui les unit pour jamais, demain, au grand contentement des pères, et sur-tout des enfans, nous espérons qu'il n'y en aura plus du tout.

M. DE FOLLEVILLE.

Ah ! j'entends : c'est demain le grand jour. Eh bien ! tant mieux ; j'en suis aussi charmé que si la chose me regardoit en personne, à qu'elque chose près cependant ; car il faut toujours dire la vérité : mais un moment après le plaisir viennent les affaires ; ce n'est pas la tout-à-fait l'ordre : mais puisque nos amoureux ont commencé par-là, il faut bien prendre la place qu'ils ont la complaisance de nous laisser. Voilà, mon cher D. Fernand, votre fille mariée, ou peu s'en faut, à Valcourt ; ce mariage une fois terminé, ses affaires le rappellent en France. Il emmenera sa femme, c'est juste : on ne se marie pas pour rester garçon ; autant vaudroit ne pas faire les frais de la cérémonie. Célestine est votre fille unique ; la se-

B

conde étant dans le cloître, vous allez rester seuls : le tems vous paroîtra bien long.

D. AUGUSTA.

Pourquoi, dans un moment de joie, nous présenter un si triste avenir.

M. DE FOLLEVILLE.

Parce qu'il ne tient qu'à vous de le rendre plus gai.

D. FERNAND.

Ah ! parlez, mon cher Folleville ; et croyez que si cela est possible, je ferai tout pour ne me séparer jamais de ma Célestine, dont l'enfance a fait le bonheur de mon automne, et dont le bonheur fera la consolation de mes dernières années.

M. DE FOLLEVILLE.

Le moyen est tout simple : suivez l'exemple de votre gendre ; rendez vos richesses portatives, et venez vous établir en France avec lui.

VALCOURT.

Oh ! la délicieuse idée ! Oui, mon père, vous suivrez, vous n'abandonnerez pas vos enfans. Et vous, mère de ma bien aimée, ne vous opposez pas à un projet qui ne me laissera plus rien à desirer.

D. FERNAND.

Comment ! à mon âge, j'abandonnerois ma
patrie !...

M. DE FOLLEVILLE.

Mon bon ami, point de mots, des choses;
la patrie est où l'on trouve le bonheur, et le
bonheur d'un père est d'être témoin de celui
de ses enfans. Ils sont jeunes, ils peuvent s'é-
garer ; qui les remettra dans le bon chemin ?
Quelqu'orage léger peut s'élever dans leur mé-
nage ; qui prendra soin de l'écarter et de ramener parmi eux le calme et la paix ? Votre fille
étant mariée, tous vos devoirs sont-ils rem-
plis ? Non, vous devez à votre gendre les fruits
de votre expérience ; la mère de Célestine lui
doit enseigner l'art de captiver un mari, de
lui faire aimer sa maison et ses enfants : c'est
la tâche la plus difficile; vous serez toujours au
milieu de votre famille; vous n'aurez point changé de patrie.

D. FERNAND.

Oui, je crois que vous avez raison.

M. DE FOLLEVILLE.

Vous ne m'accuserez pas de prévention : mon
caractère connu n'en est guères susceptible ; mais
je ne conçois pas que l'on puisse vivre dans un

B 2

pays où l'inquisition déploie sa bannière sanglante et terrible ; deux ans j'ai porté ses chaînes : ses cachots obscurs et infects ont entendu
mes gémissemens et mes plaintes ; un désespoir
affreux faillit m'y faire attenter à ma vie : j'ai
été revêtu de son horrible saubénito ; j'ai vu
de-près le bûcher fatal allumé par des hommes
de sang , au nom d'un Dieu de miséricorde et
de paix ; j'ai pu sentir l'activité dévorante de
la flamme qui consumoit les malheureux qui
élevoient au ciel des mains qui l'avoient toujours imploré : encore un pas , et j'étois plongé
moi-même dans ces brasiers épouventables : et
pourquoi? parce que d'infâmes espions m'ont dé-
féré à ce tribunal, où c'est un crime d'exercer la
plus noble fonction de l'homme , celle de penser
librement : mes délateurs se sont cachés dans
la poussière ; j'ai été accusé sans pouvoir me
défendre ; toutes les formalités ont été violées.
On m'a donné un avocat, à qui il étoit défen-
du de parler pour moi ; j'ai demandé à voir
mes témoins , personne n'a paru : je sentois de
jour en jour le glaive sacré s'approcher de mon
cœur sans pouvoir l'écarter; en un mot, j'ai
été réduit à l'horrible humiliation de confesser
un crime que je n'avois pas fait, et la verge in-
flexible et sanglante ne s'est pas retirée de des-

sus ma tête. Et par qui ai-je été jugé? vous aurez peine à le croire ! mais j'en suis le garant;
par un homme qui, chargé du dépôt de la foi et
des écritures, ne les connoit ni ne les entend.
J'ai invoqué pour ma défense des autorités
dont il ignore l'existence, et qu'il n'a jamais
pû m'interprêter ; et voilà celui qui, s'il l'eût
voulu, m'envoyoit au bûcher ; et voilà celui
qui tient dans ses mains vos jours, ceux de
votre femme, de vos enfans et d'une nation
entière. Eh ! quel tribunal prononce votre arrêt? Un tribunal pour qui rien n'est respectable ; rois, princes, grands, citoyens, tout lui
est soumis : point de distinction de sexe ni
d'âges ; le fanatisme en posa les fondemens, et
l'orgueil y éleva son trône ; la terreur et la mort
en occupent l'enceinte : on n'y entend que des
cris de douleur et de désespoir, auxquels succède
un morne silence, plus effrayant que la mort
même. La clémence et l'humanité en sont à jamais bannies : le mot de grace n'y frappa jamais
l'oreille étonnée ; vous n'en sortez jamais que
meurtris ou flétris par le bien qui vous frappe ;
et si la pitoyable mort vient au milieu de vos
chaînes vous dérober à leur poids énorme, ne
croyez pas que la vengeance du tribunal soit
appaisée? elle poursuit ses victimes, au-delà

même du terme où meurent toutes les haines
et toutes les inimitiés les plus invétérées : vos
effigies, vos ossemens sont livrés aux flames,
et vous ne jouissez pas même du calme religieux, que l'on doit, que l'on porte par-tout
à la cendre des morts.

VALCOURT.

Quel horrible pays ! ah ! de grace, D. Fernand, hâtons le moment où nous ne respirions
plus un air si dangéreux.

D. PEDRE, (à part.)

Je commence à entrevoir un moyen de me
venger.

M. DE FOLLEVILLE.

D. Fernand est Portugais, et je suis plus
instruit que lui de ces mystères d'iniquité : la
loi du secret que l'on impose à ceux qui ont
le bonheur d'éviter les flames, fait que toutes
ces horreurs sont enveloppées du voile ténébreux
de l'erreur et du mensonge ; mais moi, je ne
l'ai que trop vû, et c'est bien la dernière fois
que j'aborderois ces côtes abreuvées de sang !
Quelle différence de mon pays, de la France,
à celui que je vous propose de quitter ! Depuis
un an, du sein de la capitale, la liberté a fait
floter dans les airs son étendard, et couvre les

François de son égide ; les anciens abus sont
prêts à disparoître ; un nouvel ordre de choses
va naître du sein des cahos ; le despotisme est
aboli ; tous les citoyens sont frères, les nœuds
du serment ne font du royaume qu'une même
famille dont le roi est le père et le protecteur.
La pensée, libre comme l'air, peut s'y manifester
sans crainte, sans obstacle ; Thémis n'y recon-
noît d'hommes dangereux et punissables que
ceux qui sont perfides à la nation, rebelles à
la loi qu'ils ont faite eux-mêmes ; et nous
entrevoyons déjà le moment flatteur où son
glaive dormira dans le fourcau, si elle n'a plus
que de pareils citoyens à frapper.

D. FERNAND.

M. de Folleville, vous me décidez : oui, je
suivrai ma fille en France ; mais vous sentez
que ce n'est pas une opération d'un jour, que
de vendre et de rendre portatives mes possessions ; vous conviendrez aussi que le secret le
plus profond doit dérober à tout le monde la
connoissance de ce projet : mais m'importe de
la prudence, et je vous donne ma parole.

VALCOURT.

Ah ! mon pere, que de reconnoissance ! (*tout
le monde le remercie de sa résolution.*)

D. PEDRE.

Il veut quitter le Portugal pour la France; mais, malgré lui, j'ai trouvé le moyen de l'y fixer pour jamais.

D. FERNAND.

Mes amis, mes amis, ne me remerciez pas ; si c'est un plaisir pour vous de me voir suivre vos pas, c'en est pour le moins un aussi grand pour moi de ne vous quitter jamais ! Vous le voyez, D. Pedre, je suis bien foible ; mais un père peut-il se résoudre à quitter pour toujours la moitié la plus chère de lui même.

D. PEDRE.

Non, sans doute : comme ami, j'en souffrirai ; mais la nature doit l'emporter, et je vous approuve.

D. FERNAND.

Eh bien! ma fille; et vous, ma femme; venez joindre sur le contrat vos signatures aux nôtres; et vous, M. Folleville, conduisez ces jeunes gens; nous parlerons un moment de votre projet. D. Pedre, ne nous quittons pas de la journée.

D. PEDRE.

Je suis tout à votre service.

D. FERNAND.

Je reviens dans l'instant.

SCÈNE VI.

D. PEDRE, (seul.)

AI-JE assez dévoré ma fureur et mon outrage?
m'ont-ils avec assez de cruauté enfoncé le poi-
gnard dans le cœur? est-il un seul côté qui n'ait
pas reçu une blessure mortelle? Et je souffrirois
ensilence! et je n'immolerois pas l'odieux rival
qui m'enleve l'objet qui seul pouvoit faire le
bonheur de ma vie! qu'il périsse mille fois!
mais il est aimé; irai-je me présenter à Célestine couvert du sang de son amant? Ce seroit
une mort inutile. Elle m'estime; quand elle
n'aura plus Valcourt, elle passera facilement de
ces entiment à un autre plus tendre; mais s'il
tomboit sous mes coups, elle ne verroit en
moi que son meurtrier, et je n'aurois pour
récompense qu'une haine éternelle. Cachons
mieux les coups dont je dois frapper mon rival.
Famillier de l'Inquisition, je peux la faire servir à ma vengeance! eh! ce n'est pas la première, ce ne sera pas non plus la dernière
fois qu'elle aura servi les fureurs et les crimes
de l'amour!

SCÈNE VII.

LE GRAND INQUISITEUR, D. PEDRE.

LE GRAND INQUISITEUR.

MAIS je crois qu'il y a dans la maison de D. Fernand un esprit de vertige qui tourne toutes les têtes ; je cherche en vain un domestique pour m'annoncer : je n'en vois aucun.

D. PEDRE, (à part.)

Voici justement une occasion favorable ; il faut en profiter. (*Haut.*) Ce dont vous vous plaignez, seigneur, n'est point étonnant. D. Fernand marie demain sa fille à ce jeune François qui est venu recueillir la succession de son oncle, et un peu de désordre est pardonnable en ce moment.

L'INQUISITEUR.

Il marie sa fille à un François ! Il la quittera donc ?

D. PEDRE.

Non, seigneur.

L'INQUISITEUR.

Ce François s'établit donc à Goa ?

D. PEDRE.

Au contraire, toute sa fortune est déjà parvenue en France.

L'INQUISITEUR.

D. Fernand suivra donc sa fille?

D. PEDRE.

Précisément; et il y a été déterminé par les conseils de ce François à qui vous eûtes, il y a deux ans, la bonté de sauver la vie.

L'INQUISITEUR.

Quoi! un relaps?

D. PEDRE.

Il n'est sorte d'horreurs qu'il n'ait vomit contre l'Inquisition, son tribunal et ses ministres; j'étois présent, j'en ai frémi d'indignation.

L'INQUISITEUR.

Et D. Fernand l'a entendu?

D. PEDRE.

Comme moi.

L'INQUISITEUR.

Sa femme?

D. PEDRE.

Étoit à ses côtés.

L'INQUISITEUR.

Sa fille ?

D. PEDRE.

Ne les a pas quittés.

L'INQUISITEUR.

Son gendre futur ?

D. PEDRE.

A marqué pour le Saint-Office un mépris offansant : et c'est aux sollicitations de ces deux François, que D. Fernand a cédé et promis de vendre toutes ses possessions portugaises, et d'aller se retirer en France.

L'INQUISITEUR.

En France !

D. PEDRE.

Oui, où l'on dit que la liberté des opinions religieuses est établie de la manière la moins scrupuleuse.

L'INQUISITEUR.

Et D. Fernand est riche ?

D. PEDRE.

Très-riche ; admis dans l'intimité de sa maison, où l'on vous reçoit avec le respect que l'on vous doit : vous devez le savoir aussi bien que moi.

L'INQUISITEUR.

Il est très-riche, et veut quitter le Portugal pour la France! sa foi y seroit en danger.

D. PEDRE.

Dans le plus grand danger.

L'INQUISITEUR.

Celle de sa famille?

D. PEDRE.

Suivroit l'exemple du chef.

L'INQUISITEUR.

C'est un crime dont le Saint-Office doit prendre connoissance.

D. PEDRE.

Avec la plus grande célérité : les possessions de D. Fernand sont d'un prix reconnu , et il trouvera bientôt des acquéreurs.

L'INQUISITEUR.

Et sa fortune, dit-on, se monte..?

D. PEDRE.

Au moins à deux millions.

L'INQUISITEUR.

Que de malheureux on pourra soulager en l'empêchant de s'expatrier , et en le forçant de rester dans la bonne voie!

D. PEDRE.

C'est l'action la plus méritoire que vous puis-
siez faire.

L'INQUISITEUR.

Ce que vous me dites est bien certain?

D. PEDRE.

Très-certain.

L'INQUISITEUR.

Et il a entendu blasphemer sur l'Inquisition,
et ne l'a pas défendue, ni lui, ni sa famille?

D. PEDRE.

En aucunes manières.

L'INQUISITEUR.

Il approuvoit donc tacitement tout le mal
qu'on en disoit ?

D. PEDRE.

Et même ouvertement, puisqu'il a consenti
à suivre son gendre en France.

L'INQUISITEUR.

Vous avez raison; je vais l'envoyer arrêter.

D. PEDRE.

Et moi je vais rester ici, pour n'être aucu-
nement suspect.

L'INQUISITEUR.

A merveilles.

D. PEDRE.

Et pour mieux cacher notre secret, sortez comme vous êtes entré ; sans être apperçu, la foudre les frappera avant qu'ils aient eu le tems de voir l'éclair.

L'INQUISITEUR.

Excellente idée ! je vais la mettre en pratique : vous viendrez me rejoindre, sans délai, à la *Santa Casa*.

D. PEDRE.

Vous pouvez y compter.

SCÈNE VIII.

D. PEDRE, (*seul.*)

Je commence à jouir, et mon triomphe s'apprête ; mais il faut agir, en cette circonstance, avec bien de l'adresse. Ce n'est pas la mort de D. Fernand, ce n'est pas sa fortune ; c'est sa fille que je veux : que le glaive de l'inquisition frappe mon rival, mais qu'il épargne la famille de celle que j'adore ; c'est à moi de le conduire dans les mains de l'Inquisiteur, et je m'en charge.

SCÈNE IX.

D. FERNAND, DONA AUGUSTA, CÉLESTINE, VALCOURT, D. PEDRE, *Parens, Amis, Voisins de D. Fernand.*

D. PEDRE.

Eh bien! D. Fernand, est-ce une chose terminée? le contrat est-il revêtu de toutes les signatures?

D. FERNAND.

Oui, c'en est fait; il n'y a plus à s'en dédire.

D. AUGUSTA.

Je ne crois pas que ni l'un ni l'autre des deux amans en ait à présent l'envie.

VALCOURT.

Ni à présent, ni jamais; vous pouvez en répondre par moi.

CÉLESTINE.

Soyez ce que vous fûtes toujours, Valcourt, et ma mère sera aussi ma caution.

UN PARENT.

M. Valcourt, uni de très-près par le sang à la
famille

famille dans laquelle vous allez entrer, je péux, en mon nom et celui de tous vos parens futurs, vous témoigner le plaisir et la joie que nous donne cette alliance. (*Il l'embrasse.*)

UN AMI.

L'amitié se joint à la nature, Monsieur, pour vous féliciter du trésor que vous obtenez ; et l'aimable Célestine d'avoir enfin trouvé un époux digne d'elle.

UN VOISIN.

La voix publique ne manque pas d'approuver une aussi belle union.

(*Célestine et Valcourt partent de main en main, et sont tendrement caressés.*)

Ici se forme un grouppe composé de Valcourt et Célestine dans les bras de D. Fernand et D. Augusta, environnés de tous les Parens, Amis et Voisins.

D. PEDRE, (*à part.*)

Que ce tableau me déchire le cœur ! que l'heure de ma vengeance arrive lentement (*haut*). D. Fernand, la situation où vous êtes va jusqu'à l'ame, et lui cause la plus douce émotion : je ne peux m'en défendre moi-même.

D. FERNAND.

Il est vrai que je suis dans un état délicieux.

SCÈNE X.

LES PRÉCÉDENS, L'ALCADE.

L'ALCADE.

De la part du Saint-Office, D. Fernand, sa femme, sa famille et son gendre sont mandés, et voudront bien me suivre au tribunal.

(A cette sommation chacun se retire d'auprès D. Fernand, et les quatre susnommés restent seuls.)

D. FERNAND.

Qu'entends-je ?

D. AUGUSTA.

Quelle affreuse nouvelle !

CÉLESTINE.

Ah ! Valcourt, nous sommes perdus.

VALCOURT.

Non, tant que je vivrai.

L'ALCADE.

Point de violence, seigneur François; et vous tous ici présens, je vous somme de me prêter main-forte en cas de résistance.

VALCOURT.

Quoi ! ces mêmes parens, ces mêmes amis qui

venoient partager la joie du plus tendre des
pères, les transports de leurs heureux enfans, se
tiennent éloignés de vous; ils vous abandonnent
comme si la foudre vous eût frappé; ils crai-
gnent de lever les yeux sur vous; ils ont peur
de sembler vous connoître à la voix d'un satellite
du tribunal; la voix de la nature, de l'amitié ne se
fait plus entendre! Ah! que M. de Folleville avoit
raison, et que la vérité l'emporte encore sur le
récit qu'il nous a fait! mais je ne souffrirai pas que
l'on vous entraîne, tant qu'il me restera une
goute de sang dans les veines; je défendrai Célestine et ses vertueux parens.

D. FERNAND.

Valcourt, je ne doutai jamais de votre sensibilité ni de votre courage; mais en ce moment il devient inutile et même dangereux.

D. PEDRE.

D. Fernand a raison; il ne peut être question
que d'une bagatelle, d'un mal entendu sans doute,
qu'un moment, un mot peuvent éclaircir: il ne
faut pas en faire une affaire sérieuse qui vous
causeroit des chagrins et des regrets.

VALCOURT.

Quoi! je souffrirai que l'on vous traîne dans
d'affreux cachots.

C 2

D. PEDRE.

Ne vous livrez pas, Seigneur, à cette ardente sensibilité qui grossit vos craintes et vos dangers : ces cachots affreux ne sont pas encore ouverts, et ne s'ouvriront pas vraisemblablement pour mon ami ni pour vous.

VALCOURT.

Je le suivrai par-tout : né François, je n'ai rien à démêler avec votre Tribunal : mais il est innocent. Son épouse, sa fille, moi-même n'avons rien à nous reprocher ; et je parlerai avec cette force à cette énergie qu'inspirent toujours le calme du cœur et la vérité.

D. FERNAND.

Bien, Valcourt, très-bien ; mais réservons notre courage pour les momens utiles. Je voudrois apposer les scellés sur mes effets : avez-vous ordre de m'en empêcher ?

L'ALCADE.

Au contraire, Seigneur, je vous accompagne. D. Pedre, familier du Saint-Office, et vous tous vous me répondez des prisonniers que je laisse à votre garde.

SCÈNE XI.

LES PRÉCÉDENS, LA FAMILLE ET VALCOURT.

VALCOURT.

QUELLE horreur ! quelle barbarie ! Quoi ! ce sont maintenant vos parens, vos amis qui sont transformés en autant d'Alquasils : au lieu de vous secourir, leurs bras au besoin s'arme- roient contre vous.

CÉLESTINE.

Hélas ! oui, mon cher Valcourt.

VALCOURT.

Quel peuple d'esclaves ! et que je suis heureux d'être François. Quoi ! la houlette de Dictène le berger devient une verge de fer, et l'on s'en laisse frapper servilement, lâchement et sans murmure.

D. AUGUSTA.

De grace, Valcourt, contenez, reprimez votre indignation : ce seroient peut-être autant de crimes qui retomberont sur Célestine et sur moi.

VALCOURT.

Mais quel est le traitre, le scélérat, l'imposteur qui a pu lancer contre nous les traits de la calomnie.

CÉLESTINE.

J'étois trop heureuse ! ils ont voulu me faire acheter mon bonheur par des larmes de sang.

D. AUGUSTA.

N'espérez pas connoître jamais cet infâme délateur, mon cher Valcourt, comme vous l'a dit votre ami ; il se cachera dans les ténèbres, se roulera dans la fange : vous l'écarterez peut-être sans savoir quel est l'insecte venimeux que vous aurez foulé à vos pieds.

CÉLESTINE.

C'est peut-être un de nos parens, peut-être le meilleur de nos amis.

D. AUGUSTA.

Ou bien quelques-unes de ces ames de boue qui vont épier, surprendre les secrets des familles, et s'en font des armes pour venger leurs haines particulières.

D. PEDRE.

Il en est trop de ce nombre, par malheur : mais D. Fernand est généralement connu, aimé, estimé : ses mœurs ne furent jamais suspectes, et l'accusation tombera d'elle-même ; d'ailleurs

je vous promets de le servir de tout mon pouvoir.

CÉLESTINE.

Ah ! D. Pedre, rendez-moi le meilleur des
pères, la mère la plus chérie, et après mon
époux, vous serez l'être qui réunira mes plus
doux sentimens.

SCÈNE XII.

LES PRÉCÉDENS, D. FERNAND ET L'ALCADE.

L'ALCADE.

VOUS m'assurez, D. Fernand, que vous
ignorez où est M. de Folleville.

D. FERNAND.

C'est la vérité.

L'ALCADE.

N'importe en tel lieu qu'il soit, le St-Office
saura bien le trouver : suivez-moi.

CÉLESTINE.

Adieu, mon père.

D. AUGUSTA.

Adieu, mon époux.

CÉLESTINE.

Adieu, Valcourt ; c'est peut-être la dernière

C 4

fois que nous nous voyons , et que nous nous parlons. (*Ils s'embrassent.*)

D. PEDRE.

Pourquoi ces terreurs inutiles et vaines ? vous vous reverrez ; c'est moi qui vous le prédit , et peut-être plutôt que vous ne le croyez.

(*On les emmène : la famille sort la dernière.*)

SCÈNE XIII.

D. PEDRE.

OUI, vous vous reverrez ; mais c'est lorsque Valcourt ne sera pas. Allons rejoindre le grand Inquisiteur , et faire nos conditions avec lui : mais, je me rappelle, on a oublié Virginie ; elle a refusé de parler pour moi à Céleſtine : il faut qu'elle en soit punie. Volons.

SCENE XIV.

M. DE FOLLEVILLE, VIRGINIE.

M. DE FOLLEVILLE.

AH ! ma chère Virginie , que viens-tu m'apprendre ?

VIRGINIE.

La vérité, M. Capitaine, eux venir d'emmener

Maître, Maîtresse, M. François et Mameselle
Célestine.

M. DE FOLLEVILLE.

Et pourquoi?

VIRGINIE.

Moi pas savoir, eux chercher vous aussi ; et
Maître donner à moi secrettement son porte-
feuille, diamans à Madame et Mameselle dans ce
petit coffre, et la clef de son argent ; li être, où
il dit vous bien savoir : et prier vous de porter
tout sur vaisseau à M. Capitaine.

M. DE FOLLEVILLE.

Dans l'instant j'accomplis tout ce qu'il vient
de m'accorder : ne pleure pas, Virginie, je vais
à bord : mes soldats, mes matelots sont François ; ils connoissent, ils savent suivre les dra-
peaux et braver la bannière des Inquisiteurs. Je
cours les rassembler, leur parler, animer leur
courage ; et je périrai avec eux, ou je sauverai
les jours de mes amis. (*Il sort.*)

SCEINE XV.

VIRGINIE, (*seule.*)

AH ! brave François ! bien bon ami lui. Ah !
si lui pouvoir faire comme lui venir de dire ,

pauvre Virginie, toi être la plus heureuse des esclaves.

SCÈNE XVI.

L'ALCADE, VIRGINIE.

L'ALCADE, (*revenant.*)

N'EST-CE pas vous qui vous appellez Virginie ?

VIRGINIE.

Oui, Monsieur.

L'ALCADE.

Négresse appartenante à D. Fernand.

VIRGINIE.

Oui, Monsieur.

L'ALCADE.

Il suffit : suivez-moi.

VIRGINIE.

Avec tout mon cœur vous avoir emmené, Maître, moi suivre lui : lui être innocent, Virginie être innocente ; de même moi contente de vivre ou mourir avec lui.

ACTE II.

(Le Théatre représente la grande salle d'audience de la
Santa Casa, ou palais de l'Inquisition).

SCENE PREMIERE.

L'INQUISITEUR, D. PEDRE, L'ALCADE.

L'INQUISITEUR, *à l'Alcade.*

LA famille de D. Fernand est-elle arrêtée?

L'ALCADE.

Oui, Seigneur.

L'INQUISITEUR.

A-t-on apposé le scellé sur tous les effets ?

L'ALCADE.

D. Fernand l'a fait lui-même en ma présence.

L'INQUISITEUR.

Il ne reste personne de sa famille qui soit
suspect ?

L'ALCADE.

Tous ses parens ont montré le plus grand
respect pour le Saint-Office; et si quelqu'un
partage encore ses sentimens, ce n'est, ou ce
ne peut-être, que sa fille aînée qui est Professe
dans le couvent della Santa Maria.

L'INQUISITEUR.

Il faut s'assurer de sa personne ; obéissez,
(*l'Alcade sort.*) notre saint Tribunal , ainsi que
l'Eternel , doit poursuivre les crimes des pères,
jusques sur les enfans de leurs enfans.

SCENE II.

L'INQUISITEUR, D. PEDRE.

D. PEDRE.

MAINTENANT que nous voici seuls , nous
pouvons nous parler à cœur ouvert : vous connoissez le motif qui m'a fait vous découvrir le
projet de D. Fernand.

L'INQUISITEUR.

Oui : c'est une raison entièrement profane.
Mais qu'importe ; le bien est opéré , le scandale est prévenu , le motif n'y fait rien.

D. PEDRE.

Je vous l'ai dit encore : j'abandonne ces deux
François à toute la rigueur du Saint-Office ;
mais respectez les jours de Célestine , de sa
mère , de D. Fernand ; j'ai promis d'embrasser
la défense : et si vous les rendez à mes prieres,
Célestine aura bientôt perdu le souvenir d'un
amant étranger, pour se donner à celui qu'elle

croira le libérateur de son père, d'ailleurs, vous le savez aussi bien que moi, il n'est pas coupable.

L'INQUISITEUR.

Qu'avez-vous dit, D. Pedre? Il n'est pas coupable! Oubliez-vous devant qui vous embrassez sa défense? Il n'est pas coupable! Vous m'avez dit vous-même qu'il a souffert qu'en sa présence, et devant sa fomille, on manquât de respect au Saint-Office; qu'il n'a pas fait taire le calomniateur; qui a cousenti, au contraire, à le suivre en France, pour être plus libre de marcher dans les sentierr de l'erreur : il n'est pas coupable!

D. PEDRE.

Oui, j'en conviens : il l'est beaucoup plus que je ne l'ai cru d'abord.

L'INQUISITEUR.

Et le Saint-Office lui laisseroit ces funestes richesses qui devoient l'aider à consommer cet œuvre d'iniquité! Non, il doit en être à jamais dépouillé : il doit encore se trouver très-heureux de réparer, par cette légère privation, l'égcrement criminel dans lequel il alloit tomber.

D. PEDRE.

Oh! faites-moi obtenir Célestine ; t e prenez

ces richesses dont vous parlez : les miennes suffiront à en réparer la perte.

L'INQUISITEUR.

Vous ne m'avez pas trompé, D. Pedre, elles sont immenses ?

D. PEDRE.

Immenses : c'est le mot.

L'INQUISITEUR.

Tant mieux. Il n'y a pas de mal à cela : l'expiation du crime qu'il méditoit en sera plus complette et plus méritoire. Je commencerai à en prononcer la confiauce totale au nom du Roi ; et après, le Saint-Office se chargera lui-même, de bonne volonté, et sans intérêt, d'en faire pieusement l'emploi.

D. PEDRE.

Comme il vous plaira. Mais vous me promettez toujours la vie de D. Fernand et sa famille.

L'INQUISITEUR.

Je ne vous promets rien : cela dépendra de la sincérité de ses aveux, et de la déclaration scrupuleusement exacte qu'il fera de tous ses biens. S'il y met de la franchise, nous sommes les interprètes d'un Dieu de miséricorde et de paix : c'est notre cœur, et non du sang, qu'il demande ; mais s'il trompe sur ce point, s'il essaye même de tromper le tribunal, il pour-

roit bien payer de ses jours ces richesses mon-
daines qu'ils auroient voulu conserver. Mais,
parlons d'autre chose. — Ces deux François
sont coupables au premier chef.

D. PEDRE.

Jamais l'Inquisition n'eut de crime plus
grave à punir.

L'INQUISITEUR.

Y a-t-il quelques témoins de la déclamation
sacrilége qu'ils ont fait contre le Saint-Office?

D. PEDRE.

Non : j'étois seul.

L'INQUISITEUR.

C'est égal, je vous en ferai trou r. Vous
leur direz ce que vous avez entend   ce sera
comme s'ils l'avoient entendu eux- êmes. Il
vous sera d'autant plus aisé d'en r sembler
un nombre suffisant, que l'usage   la con-
frontation n'étant pas admis à notre ribunal,
ils ne seront point obligés de paroî e devant
l'accusé ; ce qui est une grande sûret pour eux
et très-commode pour nous.

D. PEDRE.

Je vole exécuter vos ordres.

L'INQUISITEUR.

Ecoutez, vous ne chercherez pas l m loin :
nous avons dans le palais nos témoin l'habi-
tude et de confiance. Ce qu'il y aura d ieux,

c'est que pour la premiere fois, peut-être,
ils déposeront tous du même fait. Ils varie-
ront, sans doute, dans les détails de ce qu'ils
n'ont point entendu. C'est plus que probable;
mais l'uniformité des dépositions n'est pas
exigée non plus dans le tribunal ; ainsi vous
voyez que nous avons tous les moyens de perdre un accusé, et qu'il lui est presque impossible de sortir de nos mains.

D. PEDRE.

Ainsi ma vengeance est certaine.

L'INQUISITEUR.

Aussi certaine que clarté du jour. Le second
Inquisiteur est chargé, par moi, du procès de
D. Fernand ; et moi je me suis réservé votre
rival et son ami, si l'on peut se saisir de sa
personne.

D. PEDRE.

Que je brûle d'en être délivré !

L'INQUISITEUR.

Ce ne sera pas long. Depuis quelques années
nous avons eu d'Auto-da-fé. — La foi languit,
la religion souffre ; il est tems de reveiller le
zèle et la piété des fidèles. Demain nous en
aurons un, et vous et le Saint-Office serez
vengés dans le même jour et dans le même
moment : allez : choisissez vos témoins, en-
voyez-les de suite chez le promoteur faire

leurs dépositions, afin qu'ils aient le tems de dresser le libelle de justice et de préparer ses conclusions.

D. PEDRE.

Comptez sur la plus grande promptitude ; l'amour et la vengeance vous répondent de moi. *(il sort.)*

SCENE III.

L'INQUISITEUR, L'ALCADE.

L'ALCADE.

Seigneur, vos ordres sont exécutés. La fille aînée de Dom Fernand est dans les prisons du Saint-Office.

L'INQUISITEUR.

Je suis content de la célérité que vous avez mise à vous en acquitter.

L'ALCADE.

J'ai fait aussi quelques tentatives pour m'emparer de la personne du capitaine, ami de ce jeune François, mais elles ne m'ont pas réussi ; il s'est réfugié sur son bord, et son vaisseau est à plus d'une lieue en mer. Y aller en force, ce seroit l'avertir de prendre la fuite, et il auroit sur nous l'avantage de la distance et du vent.

D

L'INQUISITEUR

Il vaut mieux attendre et agir avec prudence ; épiez et faites observer toutes ses
démarches ; et si, dans la persuasion que nous
ne songeons pas à lui , il se livre imprudem-
ment , c'est alors qu'il faudra employer la force.

L'ALCADE.

Seigneur, vos conseils seront ponctuelle-
ment suivis. Mais j'oubliois ; le prisonnier
François m'a prié de vous demander audience.

L'INQUISITEUR.

Eh bien ! je suis prêt à l'entendre ; amenez-
le ; et avertissez en même-tems le secrétaire.
Allez.

SCENE IV.

L'INQUISITEUR, (seul.)

Voici le moment de venger le Saint-Offi-
cier , et de servir Dom Pedre , Célestine , sa
maîtresse , est charmante ; j'aurois dû me réser-
ver le soin de l'interroger ; la crainte qu'elle
ne manquera pas d'éprouver fera naître quelques circonstances dont j'aurois habilement
tiré parti à mon avantage. Il y a long-tems

qu'il ne m'est tombé entre les mains une si jolie accusée.

(*Le Secrétaire entre ; l'Inquisiteur reprend son air austere.*)

SCENE V.

L'INQUISITEUR, LE SECRÉTAIRE.

L'INQUISITEUR.

Asseyez-vous, monsieur, nous allons voir la cause du ciel à venger; je me fie sur votre exactitude et votre intelligence, à rédiger les réponses des nouveaux accusés.

SCENE VI.

L'INQUISITEUR, LE SECRÉTAIRE, VALCOURT, L'ALCADE.

L'ALCADE, (*introduisant Valcourt*)

Vous voilà en présence du grand Inquisiteur ; mettez-vous à genoux.

VALCOURT.

Je me mets à genoux devant la Divinité, et jamais devant un homme comme moi.

L'INQUISITEUR, (*à l'Alcade*)

Monsieur à raison; donnez-lui un siége ; et

D 2

restez vous. (*à Valcourt.*) L'Alcade m'a dit
que vous vouliez me parler.

VALCOURT.

L'Alcade a dit la vérité.

(*Le Secrétaire écrit les demandes et les
réponses.*)

L'INQUISITEUR.

Qui êtes vous ?

VALCOURT.

Un innocent opprimé.

L'INQUISITEUR.

Ce n'est pas là ce que je vous demande.

VALCOURT.

C'est ce dont j'ai dû vous prévenir.

L'INQUISITEUR.

De quelle nation êtes vous ?

VALCOURT.

Français.

L'INQUISITEUR.

De quelle Ville ?

VALCOURT.

De Paris.

L'INQUISITEUR.

Votre âge ?

VALCOURT.

Vingt-deux ans.

L'INQUISITEUR.

Votre état ?

VALCOURT.

Négociant de pere en fils. Mais à quoi bon toutes ces questions.

L'INQUISITEUR.

Qu'avez-vous à me dire.

VALCOURT.

Je suis innocent, et que contre toutes les loix, contre le droit des gens et des nations, je suis pourtant chargé de chaînes.

L'INQUISITEUR.

Savez-vous la cause de votre détention?

VALCOURT.

Non. C'est à vous que je viens la demander, puisque c'est par vos ordres que l'on m'a traîné dans vos cachots.

L'INQUISITEUR.

Quelles sont vos connoissances?

VALCOURT.

Tous les honnêtes gens de Goa.

L'INQUISITEUR.

Vos amis?

VALCOURT.

D. Fernand et sa femme : mais encore une fois quel rapport cela peut-il avoir avec mon injuste captivité? plus de questions inutiles, Monsieur, faites-moi remettre promptement en liberté, puisque je n'ai pas mérité de la perdre.

L'INQUISITEUR.

Vous n'avez donc rien à dire?

VALCOURT.

Non, Monsieur.

L'INQUISITEUR.

Vous ne savez pas pourquoi l'on vous a
conduit dans cette sainte maison?

VALCOURT.

Non absolument; cependant si j'en crois
certains soupçons, je crois pouvoir deviner.

L'INQUISITEUR.

Il suffit, rien ne presse; j'ai à terminer des
affaires plus importantes que la vôtre, je vous
ferai avertir quand il sera tems. Signé cela.

Le Greffier lui présente ce qu'il a écrit.

VALCOURT.

Voyons [il parcourt] c'est juste! je peux
signer. [*il signe.*]

L'INQUISITEUR. (Pendant qu'il signe;
sonne une clochette et dit à l'Alcade qui entre.)

Reconduisez Monsieur, (l'Alcade le salue et le
laisse passer, quand Val-
court est sorti, et que
l'Alcade est seul, l'Inquisiteur lui dit;

et amenez-moi la Négresse de D. Fernand.

[*L'Alcade sort.*]

SCENE VII.

L'INQUISITEUR *seul au secrétaire.*

Voilà un Français qui me paraît opiniâtre
et entêté, il ne veut rien dire, il persiste à cacher son crime, j'ai bien peur qu'il ne prenne
le chemin de l'*Auto-da-fé.*

SCENE VIII.

L'INQUISITEUR, LE SECRETAIRE,
VIRGINIE.

L'INQUISITEUR.

Approchez et ne tremblez pas.
VIRGINIE.

Moi point avoir fait mal, moi point trem-
bler.
L'INQUISITEUR.

Vous aimez bien votre maître, et toute la
famille.
VIRGINIE.

Moi, mourir pour eux, pour prouver que
moi les aime de tout mon cœur à moi.
L'INQUISITEUR.

Eh bien ! vous pouvez leur sauver la vie à
tous.

VIRGINIE.

Comment ?

L'INQUISITEUR.

Il faut m'avouer tout ce qui se passe dans sa maison.

VIRGINIE.

Moi dire tout de suite ; maître à moi être un bon pere, bon mari, bon ami, bon maître, faire bien à tout ce monde et mal à personne ; moi n'avoir vu que cela dans sa maison ; mais l'avoir vu toujours.

L'INQUISITEUR.

Vous ne m'avez pas entendu ; qui est-ce qui fréquente sa maison ?

VIRGINIE.

Des honnêtes gens comme la famille à maître.

L'INQUISITEUR.

Que disent-ils ? que font-ils ?

VIRGINIE.

Moi pas savoir ; moi n'être pas l'espion de mes maîtres.

L'INQUISITEUR.

Mais, sans être l'espion de vos maîtres, en allant et venant on entend des conversations.

VIRGINIE.

Moi ! entendre jamais ce qu'on ne dire pas à moi ou pour moi.

L'INQUISITEUR.

Vous n'avez jamais entendu parler religion par D. Fernand, ou par ses amis , quand ils venoient le voir.

VIRGINIE.

D. Fernand répéter toujours qu'il y avoir deux choses dont ne falloir jamais parler ; de religion et de sa femme , et de ses amis avoir mêmes sentimens que maître.

L'INQUISITEUR.

Vous ne voulez donc pas avouer qu'il se tient chez D. Fernand des assemblées où l'on parle mal de la religion.

VIRGINIE.

Si cela être vrai, Virginie pas faite pour accuser maître ; mais comme cela est faux, moi n'avoir point de mérite à dire la vérité.

L'INQUISITEUR.

En ce cas, ce ne sera pas ma faute , s'il vous arrive du mal.

VIRGINIE.

Moi ne l'avoir pas mérité , moi être bien tranquille.

L'INQUISITEUR *(prenant le papier des mains du secrétaire.)*

Signez ce papier.

VIRGINIE.

Moi pas savoir écrire.

L'Inquisiteur.

Lisez du moins ce qu'il renferme.

Virginie.

Moi pas savoir lire non plus.

L'Inquisiteur.

Vous ne connoissez donc pas ce que la religion vous ordonne de savoir.

Virginie.

Moi savoir tout ce que Messieurs à vous m'avoir appris.

L'Inquisiteur.

De quel pays êtes-vous?

Virginie.

De la Côte d'Or.

L'Inquisiteur.

Qui sont vos parens.

Virginie.

Moi pas me souvenir d'avoir jamais vu eux; moi trop jeune quand avoir vendu moi.

L'Inquisiteur.

Votre nom?

Virginie.

Maître m'avoir appelé Virginie; Virginie est le nom à moi.

L'Inquisiteur (au sécretaire)

Ecrivez qu'elle avoue ne savoir ni lire ni écrire; que D. Fernand, par la négligence la plus coupable, a laissé cette fille dans

l'ignorance de la religion ; que la susdite Virginie est hérétique, et par conséquent D. Fernand son maître fauteur et complice d'hérésie.

VIRGINIE.

Moi hérétique! moi pas savoir ce que c'est;
mais moi croire et aimer grand bon Dieu de
tout mon cœur à moi, prier lui tous les jours
et messieurs , à vous avoir dit que moi en
savoir assez, et que Dieu n'en demande pas
davantage.

L'INQUISITEUR

Voilà votre procès fait. Avant de sortir,
vous ne voulez avouer que votre maître a mal
parlé de notre sainte religion ?

VIRGINIE.

Moi , n'avoir plus rien à dire.

(*L'Inquisiteur sonne , l'Alcade paroit*)

L'INQUISITEUP.

Que l'on prépare cette personne pour
l'*Auto-da-fé* ; et faites rentrer ce François.
Avertissez en même-tems le Promoteur, et
qu'il apporte son libelle de justice.

SCENE IX.

L'INQUISITEUR.
(*Le Secrétaire l'écoute*)

Laisser vivre une esclave dans une igno-

rance aussi profonde, aussi considerable ! Dom
Fernand ne fut-il coupable que de ce crime
seul , le Tribunal ne doit jamais lui faire
grace. C'est une maison de perdition, d'erreur
et de scandale que la sienne. Je ne m'étonne
plus qu'il ait été si facile à se déterminer à
quitter des climats soumis à l'Empire du Tribunal. Mais il est en notre pouvoir ; et ses
richesses ne le sauveront jamais.

SCENE X.

L'INQUISITEUR , LE SECRÉTAIRE ,
LE PROMOTEUR , entrant d'un côté,
VALCOURT ET L'ALCADE ,
entrant du côté opposé.

(*l'Alcade se retire.*)

VALCOURT.

Eh bien ! monsieur, êtes vous enfin dé-
cidé à me rendre justice et à me mettre en
liberté ?

L'INQUISITEUR.

Cela dépend de vous ; vous n'avez qu'à
parler. Mais auparavant, jurez que vous allez
dire la vérité.

VALCOURT.

L'honnête-homme dit, *oui* ou *non* ; et on

le croit sans qu'il soit obligé de faire des
sermens ; mais c'est votre usage : et je jure.

L'INQUISITEUR.

Votre cœur ne vous reproche-t-il rien ?

VALCOURT.

Il est tranquille dans les fers : jugez de son
innocence.

L'INQUISITEUR.

Etes vous chrétien de huit jours ?

VALCOURT.

Je ne vous comprends pas.

L'INQUISITEUR.

Avez-vous été, selon l'usage de Portugal ,
baptisé huit jours après votre naissance ?

VALCOURT.

Tout de suite monsieur , et sans aucun
délais.

L'INQUISITEUR.

A mon tour ; je ne vous comprends pas.

VALCOURT.

Je suis François , monsieur, je vous l'ai
déjà dit ; et notre usage à nous, est de crainte
de danger, de hâter le plus que nous pouvons
cette cérémonie ; c'est une chose que par état
vous ne deviez pas ignorer ; mais c'est ma pro-
fession de foi que vous exigez ; je vous dirai
et je répéterai à haute voix et publiquement,
je suis chrétien ; je ne manque jamais à ma

loi, et je suis incapable de toutes les fadaises
qui font quelques fois l'objet de vos recher-
ches; ainsi croyez-moi; terminez promptement
un interrogatoire inutile, et ne perdez pas un
instant qui vous est nécessaire pour finir les
procès de tant de misérables qui gémissent
dans vos cachots.

L'INQUISITEUR.

Je n'ai pas besoin de vos leçons; vous per-
sistez donc à nier que vous soyez coupable.

VALCOURT.

Si j'y persiste! c'est un hommage que je dois
à la vérité.

L'INQUISITEUR.

Vous ne voulez pas confesser votre crime?

VALCOURT.

Mon crime! celui qui m'en soupçonne en
est plus, sans doute, capable que moi. Si j'é-
tois criminel, je serois moi-même mon juge;
et mes remords seroient pour moi un suplice
plus cruel que vos terribles et infâmes bûchers.

L'INQUISITEUR.

Il m'est encore possible d'user de miséricorde; ne laissez pas commencer le règne de
la vengeance.

VALCOURT.

J'ai besoin de justice et non de clémence;

cessez par des propos insidieux, par une com-
misération injurieuse, de chercher à porter le
trouble dans mon ame; elle est pure comme
le jour; ce sont les soupçons outrageants dont
vous venez de la flétrir et de la déshonorer.

L'INQUISITEUR.

Puisque vous êtes endurci et que les paro-
les de douceurs et de paix ne peuvent trouver
la route de votre cœur; (*au Promoteur.*) lisez
à monsieur, les crimes dont il est accusé.

VALCOURT.

Oui, lisez; je verrai jusqu'à quel point on
aura porté la scélératesse et la calomnie.

LE PROMOTEUR.

» Et ce même jour, à la même heure, le
» sieur Valcourt s'est permis les discours les
» plus coupables, contre la foi, nos saints mis-
» tères; les a tournés en dérision, et a cou-
» ronné cette œuvre d'impiété par les blas-
» phèmes les plus outrageans contre les mi-
» nistres de la religion, et notamment contre
» le Tribunal du Saint Office, à l'empire du
» quel il se proposoit de soustraire des catho-
» liques apostats ».

L'INQUISITEUR.

Qu'avez-vous à répondre ?

VALCOURT.

Que rien n'est plus faux, plus abominable

que cette infâme accusation. Et d'abord, où ai-je tenu ces discours que l'on me suppose ? devant qui ? pourquoi ?

L'INQUISITEUR.

C'est moi qui vous interroge ; ce n'est pas à moi à vous répondre.

VALCOURT.

Y a-t-il des témoins ?

L'INQUISITEUR.

Un nombre suffisant.

VALCOURT.

Où sont-ils ? qu'on me les produisent !

L'INQUISITEUR.

Ce n'est pas l'usage ; et vous ne pouvez les voir ni les connoître.

VALCOURT.

Quoi ! le glaive meurtrier me frappe, et je ne connoîtrois pas mon assassin ! Je suis calomnié, et je ne ferai pas retourner contre le colomniateur, le trait mortel dont il veut me percer ! Je ne pourrai le convaincre de mensonge, et le dévouer à l'exécration publique ! Quoi ! à l'ombre de cet infâme, de cet infernal mistère, vous faites enlever un honnète-homme ; un étranger à qui les loix doivent sûreté et protection ; vous l'arrachez à ses amis, vous lui enlever l'estime publique ; vous l'abreuvez d'humiliations et d'opprobres ;

vous

vous le plongez dans l'horreur des cachots ; vous l'environnez de crêpes funèbres de la mort ; vous déployez sous ses yeux l'appareil sanglant des supplices ; et c'est sur la foi de témoins qui se cachent, et qui n'osent affronter l'œil du jour ! Quel Tribunal inique est donc le vôtre ? Quoi ! je ne pourrai prouver mon innocence, parce que je ne connoîtrois pas la main qui va dresser mon bûcher ! Et vous Ministres d'un Dieu de clémence, de paix, de justice et de bonté, vous autorisez, vous exercez sous son nom sacré, des actes de despotisme, de barbarie et d'atrocité ! Allez, il n'y a pas de malheureux que vous faites expirer dans les flâmes, qui ne soient meilleurs chrétiens que vous. Vous vous dites Prêtres du très-haut, et vous n'êtes que des Juges prévaricateurs, plus coupables cent fois que les bourreaux dont vous armez les mains.

L'I N Q.

Nous sommes accoutumés aux plaintes des criminels.

VALCOURT.

Que ce nom ne sorte plus de votre bouche ; c'est une réparation de plus que vous aurez à me faire ; jamais tribunal ne fut plus injuste que le vôtre. La terreur et la crainte y font mourir la parole dans la bouche de la vérité ; je suis

E

accusée, je ne sais pas le nom de mes accusa-
teurs, et je n'ai personne pour me défendre;
personne n'oseroit me rendre ce service quand
j'en aurois besoin, de peur de partager mon
sort, et d'être enveloppé dans ma ruine. Vous
êtes des usurpateurs de tribunaux temporels.
De quel droit, ministres qui deve veiller et
prier dans le silence aux pieds des autels, ou
moines et cénobites obscurs, condamnés par
votre institut à vivre et mourir dans la retraite,
vous êtes-vous érigés en juges du peuple qui
ne vous a point nommés au préjudice de ceux
qui sont faits et créés pour porter le sceptre des
loix? De quel droit, apôtres d'un Dieu qui
nous a donné la vie, prononce -vous contre
ses membres des arrêts de mort? Est-ce là votre
emploi? est-ce là votre mission? votre législa-
teur sacré ne vous dit-il point : « Qui se sert
de l'épée, périra par l'épée. » Est-ce au milieu
des bûchers que les cœurs peuvent s'ouvrir aux
charmes, aux douceurs d'une feinte persuasion?
Est-il germé un chrétien de tout le sang dont
vous arrose les marches de votre tribunal; la
religion n'est-elle pas une mere tendre, dont
rien ne lasse la patience, et qui prie même sans
cesse pour ses fils ingrats, pour convaincre les
incrédules, pour ramener ceux qui s'égarent?
Vous les frappez du glaive; le bûcher est le

bercail où vous les rassemblez. Vous pouvez prononcer sur mon sort, je suis innocent, je mourrai s'il le faut; mais je vous dénonce dès ce moment à la justice éternelle, et tout mon sang retombera sur vous. (*à l'alcade*) Alcade, remene-moi dans mon cachot.

SCENE XI.
L'INQUISITEUR, LE PROMOTEUR, LE SECRETAIRE.
L'INQ., (*au secrétaire.*)

C'en est fait, il a prononcé lui-même son arrêt, et d'après ce qu'il vient de nous faire entendre, il doit être bien suffisamment convaincu du crime dont on l'accuse. Quel dommage qu'il ait eu la précaution d'envoyer sa fortune en France, c'eût été une expiation de plus qu'il eût offerte en réparation de sa faute.

SCENE XII.
L'INQUISITEUR, LE 2e. INQUISITEUR, LES PRÉCÉDENS.
L'INQ.

EH bien! mon pere avancez vous dans la procédure de D. Fernand,

LE 2e. INQ.

Je n'ai plus qu'une derniere entuosse à avoir avec ses deux enfans. Sa fille aînée ne vouloit rien avouer, je l'ai fait appliquer à la question, et j'ai obtenu les aveux que je demandais ; pour la cadette, je n'aurai pas des moyens de rigueurs à employer. Quand à D. Fernand et son épouse, leur jugement est prononcés.

L'INQ.

Il ne reste donc plus que les deux filles ?

LE 2e. INQ.

Non, mais ce sera fini dans un moment.

L'INQ.

Et bien ! je vous laisse, et je reviens sçavoir la conclusion. *Il sort avec le Promoteur et le*
Secrétaire.

SCENE XIII.

LE 2e. INQUISTEUR seul.

Les voilà partis ! on va m'amener mes deux jeunes accusées, peu favorisée des dons de la nature, la Religieuse mérite en outre le sort qui l'attend, par son obstination et son endurcissement ; mais la cadette, cette charmante et jolie Célestine ; quel dommage de livrer tant d'attraits aux flâmes ! c'est plaire sûrement au Créateur que de tout faire pour conserver son plus bel ouvrage.

SCENE XIV.

LE 2e. INQUISITEUR, LA RELIGIEUSE,
(amenée par un alcade.)

(*Elle sort d'un caveau placé dans un des côtés du fond*)

LA RELIGIEUSE.

Laissez-moi, cruels, n'approchez pas de moi. (*au 2e inquisiteur.*) Et vous barbare, répondez. Non content de m'arracher à l'exil inviolable, où je voulois consacrer à mon Dieu, la durée de mes jours, vous osez faire porter sur moi des mains parricides et sacriléges, pour me faire avouer un crime que je n'ai pas commis! Vous employez, vous ordonnez les tortures ; l'eau, la corde et le feu sont employés contre une innocente et foible vassale ; des bourreaux insensibles osent dépouiller indécemment une femme ; et par ces apprêts révoltans, la forcer à s'avouer coupable, pour s'épargner la douleur de se voir outragée, avilie par vos infâmes satellites. Que voulez-vous? quel est mon crime? que me reprochez-vous?

E 3

LE 2e. INQ.

Vous venez de convenir que votre pere étoit coupable de ce dont il est accusé.

LA RELIGIEUSE.

Quoi ! l'aveu arraché par la douleur, vous le croye· le cri de la vérité ! je désavoue tout. Quoi ! vous avez la cruauté de vouloir armer les enfans contre leurs peres, contre ceux qui sont à leurs yeux les images de la divinité Je le répéte, je désavoue tout ; telle chose que j'ai pu dire dans les tourmens ; je déclare maintenant que mon pere est le plus honnête-homme que j'ai connu ; que je serois trop heureuse d'avoir dans le cloître, ses mœurs et ses vertus ; et que, qui que ce soit qui l'ait accusé, ce ne peut être que le plus lâche et le plus méprisable de tous les hommes..... Dans l'ombre du cloître, tranquillement, et dans un religieux silence, je m'efforce de mettre en pratique les aimables, les douces vertus que le plus chéri des peres, la plus sensible des meres n'ont cessés de me faire aimer par leur exemple ; et l'on m'arrache à ma clôture pour venir déposer, contre qui ? contre mon pere, contre ma mere, contre ma sœur, contre l'époux qui devoit soutenir l'honneur de ma maison ; et pour m'y forcer on employe contre moi les supplices des scélérats ; je croirois les avoir mérités si j'avois consenti un moment à flétrir la pure source du sang qui m'a donné la vie.

LE 2e. INQ.

Ainsi vous démentez vos aveux.

LA RELIGIEUSE.

Ils me rendraient parricide ; et j'aime mieux mourir innocente comme mon pere, que sauvée par un arrêt qui ne m'accorderoit la vie que pour flétrir l'honneur de ma famille.

LE 2e. INQ.

Et bien, sortez ; vous serez satisfaite

LA RELIGIEUSE.

O ! mon pere ! mon unique regret est de mourir sans que vous sachiez que je meurs pour vous !

SCENE XV.

L'INQUISITEUR, seul.

ELLE veut tout perdre ; j'ai tout fait pour la sauver ; je ne suis responsable de rien. Pourquoi se rétracte-t-elle ? Mais sa sœur je serois au désespoir qu'elle refusât les secours que ma pitié lui a offert. La voici.

SCENE XVI.

LE 2e. INQUISITEUR, CÉLESTINE.

CÉLESTINE.

Que me demande-vous encore ? Et pourquoi me tirer des ombres de mon cachot, pour me faire voir un jour que vous me rende odieux ?

LE 2e. INQ.

C'est votre intérêt qui m'anime.

CÉLESTINE.

Je vous ai dit tout ce que j'avois à vous dire. Laissez-moi désormais mourir tranquille !

LE 2e. INQ.

Pourquoi mourir quand vous pouvez vivre heureuse et chérie ?

CÉLESTINE.

Heureuse sans les auteurs de mes jours ! impossible.

LE 2e. INQ.

In ne tient qu'à vous de leur sauver la vie.

CÉLESTINE.

Que dites vous ? Ah ! de grace, parlez, que faut-il faire ?

LE 2e. INQ.

Je vous l'ai déjà dit ; l'auriez-vous oublié ?

CÉLESTINE.

Pardonne ; la douleur m'a ravi la mémoire.

LE 2e. INQ.

Votre pere est coupable ; votre pere est condamné ; mais je n'ai point encore prononcé son arrêt..

CÉLESTINE.

Mon pere est coupable ! c'est le plus hon-nête-homme de l'univers entier.

LE 2e. INQ.

C'est penser comme la plus méritoire des filles ; mais le Saint Tribunal ne voit pas comme vous ; vous devez défendre votre pere, le croire innocent ; nous avons des raisons de le trouver criminel. Voulez-vous me ramener à votre avis ? vous tene. dans vos mains ou sa mort ou sa vie.

CÉLESTINE.

Expliquez-vous.

LE 2e. INQ.

En est-il besoin davantage : jeune, aimable et jolie, est-il aucune grace qu'un homme sensible et touché de tant d'attraits pût vous refuser, si vous vouliez lui en laisser espérer la récompense.

CÉLESTINE.

L'ai-je bien entendu ? Quoi ! c'est au prix du déshonneur de la fille, que vous voudriez acheter la vie de son pere ! Ne croyez pas m'en imposer ; cette infàme condition vous démasque à mes yeux celui qui est assez lâche pour m'offrir une grace à un prix aussi humiliant, le seroit encore assez pour manquer à sa parole. Mais ce discours affreux m'éclaire : si mon pere étoit coupable, ma honte ne le rendroit pas innocent : mais on ne peut rien lui reprocher ; et j'aurai assez de courage pour lui laisser emporter, et pur, dans le tombeau tout l'honneur de sa famille.

LE 2e. INQUISITEUR.

Ne précipitez rien, belle Célestine, réfléchissez.

CÉLESTINE.

Je commencerois à me croire coupable, si je vous honorois davantage de la plus légere attention.

LE 2e. INQ.

Vous voulez perdre votre pere.

CÉLESTINE.

Il rougiroit de me devoir la vie au prix que vous avez la bassesse d'y mettre.

LE 2e. INQ.

Il pourroit l'ignorer.

CÉLESTINE.

Et moi, l'oublierois-je jamais ? J'ai assez de force, quoique femme, pour souffrir une

mort honorable ; mais je ne pourrai vivre hu-
miliée à mes propres regards.

LE 2e. INQ.

C'en est fait, retirez-vous. Je voulois vous
conserver un pere : je ne suis plus que votre
juge.

CÉLESTINE.

Comme juge , je vous méprise , et vous
attends devant celui qui nous jugera tous. Mais
sache qu'il m'est plus doux de vous devoir la
mort sans tache , que la vie avec un déshonneur qui me feroit mourir aux yeux de qui-
conque me regarderoit en face.

(on l'emmene.)

SCENE XVII.

L'INQUISITEUR, LE 2e. INQUISITEUR.

L'INQ.

EH bien, mon pere ?

LE 2e. INQ.

Tout est fini : c'est une famille entierement
pervertie ; elle n'eut jamais été que du plus
dangereux exemple ; et c'est avec un saint
zele que j'ai prononcé la condamnation des
deux accusées , dont je vous soumets le jugement.

L'INQUISITEUR

Et moi, c'est avec regret que je n'ai pas trouvé le moyen d'exercer l'emploi de la clémence.

SCENE XVIII.

LES PRÉCEDENTS, D. PEDRE.

D. PÉDRE.

L'inquiétude la plus cruelle et le plus violent amour me ramene. Oserois-je vous demander ce que vous avez prononcé.

L'INQUISITEUR

La mort.

D. PEDRE.

La mort ! et ils sont innocens ?

L'INQ.

Que dites-vous ?

D. PEDRE.

La vérité, et vous le saviez bien.

L'INQ.

Vous vous êtes trompez vous-même ; et nous savons mieux que vous maintenant à quel point ils sont coupables.

D. PEDRE.

Non : ils ne le sont point ; vous m'aviez promis de les sauver ; ce n'étoit point une grace à leur accorder, c'étoit une justice à leur rendre.

L'I N Q.

Il ne nous a pas été possible ; et si vous êtes raisonnable, vous oublierez....

D. P E D R E.

J'oublierai que l'amour, un funeste amour me rendit le délateur d'une famille vertueuse, pour prendre un rival que je haïssois; je pourrois oublier qu'ils n'ont commis de crimes que celui que je leur ai supposé ; je pourrois oublier que le pere, la mere, la sœur de Célestine ; Célestine elle-même, seront la proie des flâmes où mes coupables mains les auront précipitées ! Je pourrois oublier que sans moi, cette famille honorable et respectée, jouiroit d'un bonheur aussi pur que leur ame. Ne le croyez pas, si vous voulez me réconcilier avec moi-même: si vous voulez qu'un galant homme puisse se pardonner un moment d'erreur, dont un indomptable amour fut la cause, révoquez la funeste sentence que vous allez porter ; elle n'est point publique encore : à ce malheur affreux il est un remede. Je vous conjure de l'employer, où je cours au milieu de Goa m'accuser, moi-même, du plus affreux des crimes, et vous dénoncer pour mes complices.

L'Inq.

Vous avez rendu un service essentiel à la religion et au tribunal ; c'est ce qui rend votre audace excusable à nos yeux. Sans mon amitié particuliere, sans la recommandation, où votre zele pieux vous a mis auprès de nous, vous payeriez, de votre vie, l'outrage que vous venez de nous faire : rentrez en vous-même, et sentez le prix de la grace que nous vous accordons.

(*Ils sortent.*)

D. Pedre.

La grace qu'ils m'accordent ! et le remord me déchire. La vérité, l'affreuse, la terrible vérité, déchire le bandeau d'un trop fatal amour. Il n'est pas un moment à perdre. L'arrêt funeste va conduire au bûcher cinq innocens, et sur-tout la trop aimée, la chere Célestine. Courons, volons la sauver, dussai-je ne la sauver que pour mon heureux rival.

ACTE III.

L'on est, à-peu-près, au premier tiers de la matinée.

Le théâtre représente une place publique ; d'un côté est le dais du Grand Inquisiteur ; de l'autre la tribune du Promoteur ; et au milieu, des bûchers préparés pour l'Auto-da-fé.

SCÈNE PREMIERE.

D. PEDRE, (*seul.*)

QUELLE nuit affreuse je viens de passer ! et quel jour plus affreux encore l'a remplacé ! Déjà les cloches ont fait entendre dans les airs le premier signal de l'horrible sacrifice qui se prépare et que je dois empêcher. Le pourrai-je, grand Dieu ! Pourrai-je arracher à ces infâmes bûchers, les malheureuses victimes que mes fureurs vont y plonger ! Hélas ! un crime est bien plus facile à commettre qu'il est aisé de le réparer. Cependant le moment avance. . . . . J'ai employé cette nuit fatale à rassembler des amis pleins de courage ; j'ai tâché de faire passer dans leur ame, les sentimens dont la mienne est animée ; mais

he trembleront-ils pas devant ces lâches ministres d'un Dieu qu'ils déshonorent ? A ce nom
sacré, qu'ils feront retentir à toutes les oreilles,
mes amis éperdus, épouvantés, ne laisseront-ils
pas tomber de leurs mains ces mêmes armes que
je leur ai fait prendre pour défendre l'innocence !.... Quelle horrible incertitude !.....
Mais j'en apperçois déjà quelques-uns ; la joie,
l'impatience brillent dans leurs regards. Quel
délicieux augure ! O ciel qui voit mes remords,
fait qu'au moins ce ne soient pas des remords
inutiles !

SCÈNE II.

D. PEDRE, D. ALPHONSE,
Troupes d'amis de D. Pedre.

D. PEDRE.

Eh bien, braves amis, le silence de la nuit,
le calme de la réflexion n'ont-ils pas affoibli la
courageuse résolution que vous avez prise hier ?

D. ALPHONSE.

D. Pedre, en mon nom comme au nom de
tous nos amis, je viens renouveller nos pro-
messes, et te jurer d'être fideles à nos sermens.

D.

D. PEDRE, (*avec force.*)

Dieu bon ! Dieu puissant ! je te rends grace !
je pourrai donc encore jouir de ma propre
estime !

D. ALPHONSE.

Apprenez une nouvelle plus heureuse encore ;
nous n'étions hier qu'un très-petit nombre.....

D. PEDRE.

Eh ! qu'importe le nombre quand on a du
cœur, et que l'on est armé pour sauver l'innocence !

D. ALPHONSE.

Depuis ce matin, il s'est prodigieusement aug-
menté ; je viens de les poster dans les différentes
rues qui aboutissent à cette place ; je les ai tous
informés du signal que vous avez choisi. Ils
auront sans cesse les yeux sur vous ; et dès
que vous aurez parlé, aussi vîte que l'éclair,
ils seront rangés autour de vous.

D. PEDRE.

Ah ! mon ami ! que ne dois-je pas à ces braves compagnons ! Mais avant d'employer leur
courage, je dois leur ouvrir mon âme toute
entiere ; je leur doit l'aveu de tout ce qui s'est
passé, pour justifier le secours qu'ils me don-

F.

nent, et pour qu'ils n'aient aucuns scrupules de servir mes projets. Oui, mes amis, égaré par la funeste passion de l'amour, furieux de voir l'objet que j'idolâtre encore passer dans les bras d'un rival plus heureux; j'ai inventé, j'ai saisi un prétexte pour dénoncer D. Fernand et sa vertueuse famille à l'inquisition, c'est moi qui les ait fait traîner dans l'horreur des cachots. J'ai gagné des témoins, j'ai, par la bouche de Juges iniques, prononcé l'arrêt qui a fait élever ces bûchers épouvantables; je ne voulois faire périr que mon rival, et c'étoit déjà le plus affreux des crimes; mais D. Fernand, sa femme, son gendre, ses enfans sont tous enveloppés dans la même proscription. Leurs Juges connoissoient leur innocence; et sans remords, ils les livrent aux flâmes. Voilà le forfait que vous allez empêcher; ce n'est point contre Dieu, c'est contre des hommes de sang, des Ministres prévaricateurs, que vous allez unir vos bras et vos armes. Mes amis, je fus toujours ami des mœurs et de la Justice; je me suis égaré, et votre main seule peut me rendre le nom d'honnête homme.

D. ALPHONSE.

Vous vous repentez; c'est déjà un commencement de vertu. Ce sacrifice abominable ne

s'achevera pas, ou les mêmes bûchers nous ense-
vélirons tous ensemble. Mais n'ébruitons rien.
Que le calme et la paix règnent par-tout en
apparence, et que les ombres du secret, mais
d'un secret impénétrable, couvrent nos démarches et nos projets.

D. PEDRE.

Un moyen peut encore en assurer le succès;
M. de Folleville, ce Capitaine François, dont
le vaisseau mouille presqu'à l'entrée du port,
est l'ami de tous ces infortunés; il faut qu'un
de nous se jette dans une barque, vole à son
bord, l'avertisse de courir au secours de ses
amis, avec son équipage; mais qu'on l'avertisse
qu'il n'y a pas de tems à perdre; qu'il arrive
comme l'éclair, et qu'il tombe comme la foudre.

D. ALPHONSE.

C'est une commission dont je me charge moi-
même avec transport. (*Aux autres Espagnols*)
Venez, mes amis; rejoignez vos compagnons
à leur poste. Pour moi, D. Pedre, je vole, et
je reviens; je serai encore à tems pour partager
vos dangers.

SCÈNE III.

D. PEDRE, (*seul.*)

AH! grace au ciel, je respire. L'innocence ne périra pas sous mes coups; je ne conduirai pas le glaive meurtrier dans son sein; je pourrai encore, sans rougir, lever les yeux devant un honnête homme! Par le calme que cette joie répand dans mon ame, je sens combien j'étois criminel!... C'en est donc fait! brûlant encore, dévoré de tous les feux de l'amour, je ne sauverai Célestine du bûcher que pour la voir voler pour jamais dans les bras de son heureux amant! Mais, que dis-je? Quel indigne murmure une funeste passion vient-elle de m'arracher? Encore courbé sous le joug infâme d'un forfait aussi grand, j'ose regretter une générosité qui n'est plus pour moi que le plus saint, le plus sacré des devoirs.... Ftouffons pour jamais une flâme qui fit mon opprobre et ma honte. Ce n'est que dans le calme de mon cœur que je peux retrouver ma probité première, et mon pardon.... Mais, qu'entends-je? (*il court*). Dieux! qu'ai-je vu! le ciel voudroit-il me punir du dernier soupir

L'INQUISITEUR.

Grace au ciel, la bonne cause triomphe et
le S. Office sera vengé; et vous mortel audacieux et sacrilége, vous subire la peine dont
vous avez prétendu les déchirer; votre crime
est public, votre arrêt est porté, votre attentat
vous condamne; Gardes, rallumez vos bûchers,
le Ciel vous l'ordonne par ma voix.

VALCOURT.

Courageux Espagnol, embrassez - moi,
vous méritez d'être né Français, vous n'avez
pu nous arracher à la mort, mais du moins
sensible, reconnaissant, je mourrai à côté d'un
brave homme, de tout ce qui m'est plus cher,
et nos derniers momens auront des charmes
pour mon cœur.

SCENE VI.

LES PRECEDENS, D. ALPHONSE.

D. ALPHONSE.

Non, vous ne mourrez pas, M. de Folleville
arrive, et avec lui tous nos amis, dont il a
ranimés le courage.

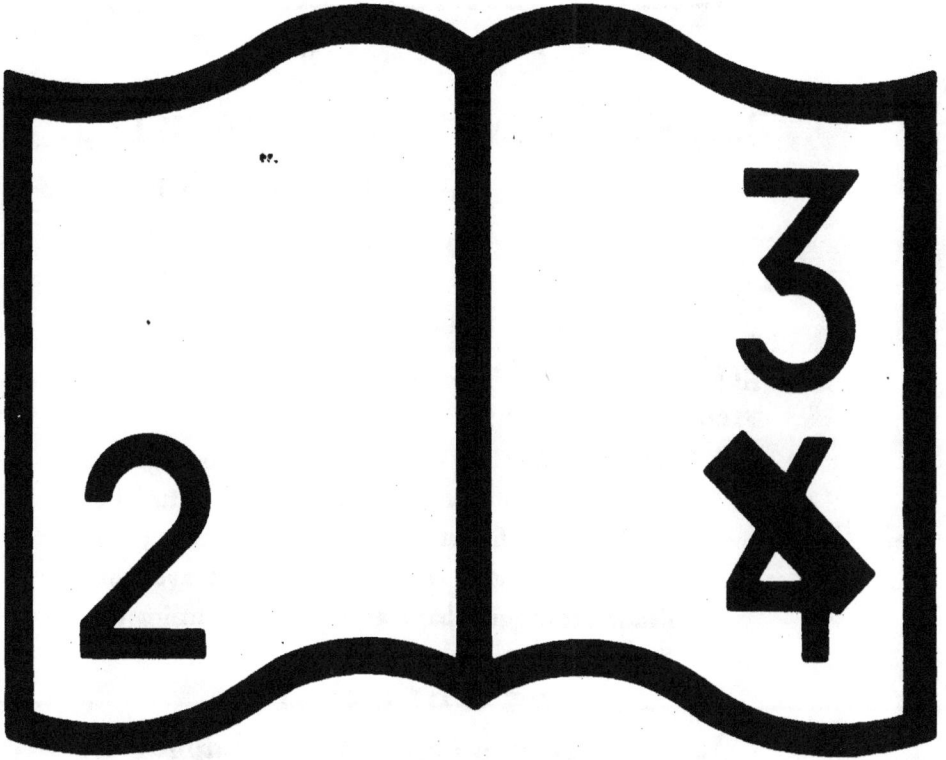

Pagination incorrecte — date incorrecte

NF Z 43-120-12

SCENE VII.

LES PRÉCEDENS M. DE FOLLEVILLE,

(François et Espagnols.)

M. DE FOLLEVILLE.

AMIS, Dieu et la France, voilà votre signal ; à l'abri de ces deux noms sacrés, la
victoire est à vous.

> Il s'engage alors un nouveau combat. Long - tems
> la victoire est douteuse, cependant à la fin elle
> se décide en faveur du Capitaine Français ; les
> Gardes prennent la fuite, et remmènent avec eux
> l'Inquisiteur qui échape avec peine aux mains des
> Vainqueurs.

M. DE FOLLEVILE.

Je vous avais prédis votre triomphe, le
Ciel a confirmé ce présage. O mes amis, mes
uniques, mes plus cheres amis, quel sort
alloit être le vôtre!

VALCOURT.

Chère Célestine, enfin vous m'êtes rendue,
l'aurore du bonheur peut luire encore pour
moi.

CÉLESTINE.

Ma destinée était épouvantable, mais je se-
rais mortes à vos côtés, et c'eût été mille fois

LA RELIGIEUSE.

Ah! oui; ce sont des monstres sans pitié, sans vertu. Tranquille à l'ombre de nos saints Autels, je passois des jours purs et sans nuage; je les employois à prier pour un père honnête homme, pour la plus vertueuse et la plus sensible des mères, pour une sœur aimable et chérie; je demandois au ciel qu'elle ressemblât à notre mère, et qu'elle eût un jour pour époux un amant qui prît mon père pour modèle. Au milieu de ces délicieuses occupations, on m'arrache, avec violence, avec scandale, du silence de mon cloître; on me plonge dans un cachot; on emploie la plus affreuse torture pour me faire prononcer un blasphême, pour me faire avouer que les auteurs de mes jours n'ont eu que l'ombre de la vertu! La violence des douleurs me l'a fait avouer; c'est le seul crime de ma vie : je l'ai rétracté solemnellement cet involontaire aveu; mais je vous ai offensé, ô mes chers parens, et c'est votre pardon que j'implore, pour rendre à mon Dieu une ame aussi pure que la vôtre.

D. FERNAND.

Relève-toi ma fille ; tu n'est point coupable, et je ne dois en vouloir qu'à tes bourreaux.

CÉLESTINE.

O ! mon pere ! vous ne connoissez pas encore tous leurs crimes. Ils ont vu, les scélérats, combien vos jours m'étoient précieux ! combien je vous adorois ! Ils ont vu que j'aurois voulu sauver votre vie au prix de la mienne ! Cela n'a pas dû leur être difficile. Je n'avoit que votre nom à la bouche ; on a tant de plaisir à parler de ce qu'on aime ! eh bien ! ils ont voulu me persuader que vous étiez criminel , que vous l'aviez avoué , que vous étiez condamné , et que je pouvois seule vous arracher aux horreurs de la flâme. Mais à quel prix , justes Dieux ? le dirois-je ? Pourquoi non ? c'est leurs forfaits. Que la honte en réjaillisse sur eux, et commence le châtiment ! Ils ont osé me proposer de sauver les jours du pere au prix du déshonneur de la fille ! Les infâmes ! si le cri de la nature eût étouffé dans mon cœur la voix de la pudeur, notre sort n'eût point changé ; mon pere n'en eût pas moins péri , et je serois morts déshonorée. Ils savent bien que l'histoire de leur Tribunal nous en a conservé mille exemples; ils le savent, et le remord s'émousse en entrant dans leur ame.

VALCOURT.

Espagnols , vous venez d'entendre de nouvel-

que je viens de donner à la perte de la vertueuse Célestine? La cérémonie de l'*Auto-da-fé* commencée! je vois ce sanglant, cet horrible cortége, s'avancer vers ces lieux. D. Alphonse aura-t-il le tems d'arriver et de revenir? — N'importe, courrons où l'humanité m'appelle. Mon triomphe sera plus doux, si je peux seul protéger la justice et sauver l'innocence.

SCÈNE IV.

On voit arriver, lentement, la procession de l'Auto-da-fé.

D. FERNAND, (*parlant à sa famille.*)

JE vous revois donc enfin, pour la derniere fois, famille infortunée : je peux vous rassembler encore dans mes bras ; mais, en quels lieux et dans quel affreux woment?...

D. AUGUSTA.

O mes filles ! ô mon cher époux, qui l'eût dit que cette horrible destinée dût être aujourd'hui la nôtre.

CÉLESTINE.

Cher Valcourt ! voilà l'hyménée qui reste à deux amans sensibles.

F 3

VALCOURT, (*montrant le grand Inquisiteur*)

Et voilà le monstre qui, de sang froid, sans
pudeur et sans justice, nous enfonce le glaive
sacré dans le cœur. Espagnols, vous êtes braves,
vous êtes équitables, vous êtes liés aux destins
de la France par les liens indissolubles du sang
et de l'amitié. Eh bien ! voyez comment un tribunal de sang, présidé par un prêtre féroce, traite
un François innocent, votre ami, votre allié,
votre frère. J'adore votre Roi, c'est un Bourbon,
c'en est assez pour tous les François. J'ai prati-
qué vos loix, j'ai toujours respecté une religion
qui est la vôtre, l'ancienne, et qui a pour baze
la douceur et la sainte humanité; et voilà le sort
qui m'attend, et c'est sous vos yeux que je serai
la proie des flâmes ! On m'accuse, ainsi que cette
vertueuse famille, d'un crime supposé, et votre
Inquisiteur est en même-tems mon accusateur,
mon juge et mon bourreau ; il ajoute foi à un
délateur infâme qui se cache et qui fuit l'œil du
grand jour, et il ne croit pas honnête homme celui qui dit, sans trouble et sans remords : je suis
innocent. Ce n'est pas vous qui avez fait ces loix
sacriléges et sanguinaires ; c'est l'enfer qui les
a dictées, et ce sont des monstres qui en sont
les organes.

une palette de sang , que les Espagnols eurent la
lâcheté de laisser brûler en leur présence par la
main d'un bourreau. D'après cela , plus de mur‑
mures ! du courage, embrassons-nous, et mettons
notre unique et dernier espoir dans celui qui
défend l'innocence, ou qui, tôt ou tard, prend
le soin de la venger.

LE GR. INQUISITEUR.

Ministres des arrêts du Saint - Office, nous
vous avons désigné vos victimes : vous les con‑
noissez ; vous pouvez vous en saisir. Nous ju‑
geons, c'est à vous d'exécuter.

[Les Familiers de l'Inquifition se retirent ; les
Alguasils s'emparent des prisonniers & les en‑
chaînent : c'est alors que ces malheureux sont
abandonnés au bras séculier.]

LE GR. INQUISITEUR (*descend, ainsi que le Promoteur.*)

Maintenant , que justice soit faite, et qu'hom‑
mage soit rendu à la foi ! cependant laissez-nous
retirer , car l'église a horreur du sang.

SCENE V.

LES PRÉCEDENS, D. PEDRE (accourant.)

Non, barbares, arrêtez, vous m'accorderez la vie de ces innocens, où j'aurai la vôtre.

L'INQUISITEUR.

Quel est le sacrilége qui vient insulter la religion dans la personne de ses ministres?

D. PEDRE.

Reconnaissez D. Pédre, tremblez et rougissez.

L'INQUISITEUR.

Gardes, qu'on le saisisse.

D. PEDRE.

Lâches, n'avencez pas, où vous êtes morts.

L'INQUISITEUR *aux Gardes.*

Rangez vous autour de moi, et fondez sur ces audacieux.

(Les Alguafils se rangent auprès de l'Inquisiteur.)

D. PEDRE.

Amis, à moi, et renversez ces bûchers abominables.

D. Pédre et sa troupe sont accablés par le nombre; les amis de celui-ci prennent la fuite, et le St. Office se ressaisit de ses victimes, au nombre desquelles D. Pédre lui-même est resté.

les horreurs, et vous restez immobiles. (*à l'in-quisiteur.*) Eh quoi! vous qui vous vantez de vous asseoir dans la chaire de vérité ; non seulement « vous êtes injustes, cruels, vindicatifs et » inflexibles; vous êtes encore des mal-faiteurs ; » vous faites traîner dans vos prisons, les fem- » mes et les filles qui repoussent vos desirs » criminels ; et, non contens d'abuser de leurs » foiblesses et de la crainte que vous leur inspi- » rez, vous les condamnez encore à l'infâmie du » bûcher, sous le voile sacré de la religion. » O! abominables moines impis! Suzanne étoit » plus en sûreté au milieu de ses deux vieillards, » que l'innocence et la pudeur entre vos mains » impures ».

LE GR. INQUISITEUR, (*se levant.*)

C'est trop long-tems souffrir des outrages et des calomnies; au nom du saint tribunal, je vous les pardonne. Un criminel a le droit de récriminer contre son juge et de le trouver injuste, pour se faire croire innocent : tout ce qui n'attaque en nous que notre personne, nous l'excusons; mais notre caractère est infaillible et sacré, et devant le Prêtre, l'homme doit obéir et se taire.

LE PROMOTEUR.

(Il lit une formule de sentence, telle qu'on la détermi-
nera, d'après celle en usage dans l'Inquisition.)

VALCOURT, *(après l'avoir entendu.)*

Quoi ! généreux Espagnol, vous souffrirez....

D. FERNAND.

Arrêtez, Valcourt ; ce ne sont point ici des
Espagnols, ce sont de vils esclaves de l'Inquisition qui vous entourent : voilà leur roi (*mon-*
trant l'Inquisiteur); c'est lui seul qu'ils écoute-
ront ; pour vous ils seront sourds et muets. Dans
les champs de l'honneur, ils mourront couverts
de blessures honorables ; la générosité est leur
élément, le courage est l'ame de leur vie. Ici,
dans un auto-da-fé, ce sont des êtres tremblans
et sans vigueur. En douterez-vous, quand je vous
apprendrez que, sans murmurer, ils ont, à ce
tribunal, fait faire le procès à la mémoire du
plus grand de leurs rois, et ont osé la flétrir inso-
lemment. La personne de Philippe III ne fut ni
sacrée ni inviolable pour le Saint-Office. Ce
Prince plaignit un malheureux qui mourroit innocent. L'Inquisition lui fit un crime de ce sen-
timent de justice ; et il fut obligé de se faire tirer

plus doux pour moi, que d'être condamnée à vivre sans vous.

D. FERNAND.

Brave et généreux Français, je vous dois mes jours, ceux de ma femme, de mes enfans, c'est à l'amitié la plus héroïque et la plus intrépide, que je suis redevable de mon bonheur, c'est pour l'amitié que je veux désormais vivre et mourir.

VALCOURT.

Ah ! Folleville tu m'as conservé Célestine, tu m'as donné cent fois plus que la vie.

M. DE FOLLEVILL.

Que votre joie, vos larmes, qui sont celles de l'amour et de la reconnaissance, me payent avec usure, du service que j'ai eu le bonheur de vous rendre ; un cœur délicat ne devrais jamais désirer d'autre récompense d'un bienfait, que les pleurs de l'homme sensible qui l'a reçu ; mais la prudence nous défend de rester plus long-tems en ces lieux. L'Inquisiteur furieux, le signe sacré des Chrétiens en main, peut armer contre nous la ville entiere ; mon Vaisseau est prêt à mettre à la voile, le vent est bon, suivez-moi, et partons pour la France.

D. PEDRE.

Daignerez-vous permettre que j'abandonne

avec vous un climat fatal qui me rappellerait
sans cesse.

VALCOURT.

Oui, venez avec nous D. Pédre, la protection
éclatante que vous nous avez donnée, mettroit
jamais ici vos jours dans un danger sans cesse re-
naissant, votre fortune ; celle de D. Fernand,
nous n'y devons plus compter, et mon bonheur sera d'autant plus grand, qu'en obtenant
tout ce que j'aime, je pourrai réparer les
pertes de la nature et de l'amitié.

D. ALPHONSE.

Quoi ! nous pastirons de cet horrible séjour
sans avoir détruit et renversé le repaire odieux
de vos bourreaux sans les avoir ensevelis dans
ses ruines enflammées.

M. DE FOLLEVILLE.

Jeune Espagnol, modérez cet emporte-
ment que je dois blâmer ; apprenez à ne jamais confondre la Religion avec ses Ministres,
elle est toujours sainte, toujours pure, toujours irréprochable ; respectez-les jusques dans
les temples qui lui sont consacrés ; si ses interprètes abusent de son nom, font servir à leurs
passions, ses dogmes sacrés, respectez encore
leur caractère, et laissez à leur Dieu le soin
de les punir.

D. Alphonse.

Vous m'éclaire: et j'obéis.

M. de Folleville,

(à la famille de D. Fernand.)

Allons, famille malheureuse et chere, unissez-vous et ne vous sépare jamais.

(Ils se tiennent étroitement serrés dans les bras l'un de l'autre.)

Vous qui deviez être témoins de cet affreux sacrifice, ou servir aussi de victimes, formez un épais peloton ; l'aissez sur ces buchers odieux, ces funestes *san-benito*, ces hords bles *caroccas*, placez-vous au milieu de mes soldats, ils vous conduiront jusqu'à mon vaisseau ; là nous mettrons à la voile, et je vous transporterai dans ma Patrie, vous n'aure: rien à y craindre ; les foudres sanglan's de l'inquision ne s'y entendent jamais, et meurent sans force et sans vigueur dès qu'ils ont touchés les rives de la France.

Fin du troisieme et dernier Acte.

www.ingramcontent.com/pod-product-compliance
Lightning Source LLC
Chambersburg PA
CBHW060639100426
42744CB00008B/1687